PUNSCH, GLÖGG & HEISSER KAKAO

INHALT

HOT
DRINKS

VORWORT

Hallo und herzlich willkommen zu meiner winterlichen Rezeptesammlung!

In diesem Buch dreht sich alles um „Winterliche Getränke". Mit den Rezepten dazu möchte ich dir die kalte Jahreszeit etwas versüßen und sie mit wunderbaren – vielleicht auch ganz neuen – Düften und Geschmackserlebnissen erfüllen.
Mit den meisten Getränken verbinde ich wunderbare Kindheitserinnerungen, die immer wieder Emotionen bei mir auslösen. So denke ich gern daran zurück, wie meine Mutter und Oma meine Freunde und mich mit herrlich duftenden heißen Getränken verwöhnten, nachdem wir im Schnee draußen getobt hatten. Andere Rezeptideen entstammen den kulinarischen Erlebnissen und Eindrücken von meinen Reisen, gepaart mit meiner Fantasie.
Gern inspiriere ich darüber hinaus alle meine LeserInnen auf meinem Foodblog www.sweetsandlifestyle.com. Dort findest du übrigens zahlreiche unterschiedliche Rezepte – von klassisch bis neu interpretiert – nicht nur für die kalte Jahreszeit.

Die folgenden Rezepte gibt es jedoch nur exklusiv in diesem Buch: von heißer Trinkschokolade über Glühwein und Kaffeegetränken, bis hin zu winterlichen Cocktails. Sowohl die alkoholischen als auch alkoholfreien Rezepte sind allesamt schnell und einfach gemacht – die Kombination der Zutaten verleiht ihnen das gewisse Etwas.

Ich wünsche viel Spaß und Freude beim Durchstöbern dieses Buches und beim Ausprobieren der Rezepte.
Prost! Cheers! Salute! Proost! Skål!

Deine Verena Pelikan

HEISSE SCHOKOLADE UND

HEISSE MILCH

GINGERBREAD HOT CHOCOLATE

TIPP

Für selbstgemachtes Lebkuchengewürz einfach 15 g gemahlenen Zimt, 1 g gemahlene Nelken, 2 g gemahlenen Kardamom, 1 g gemahlenes Piment, 1 g gemahlenen Koriander, 1 g gemahlenen Ingwer und 1 Msp. gemahlene Muskatnuss gut vermischen.

FÜR 4 TASSEN

DEKORATION:
150 G SAHNE
1 TL LEBKUCHENGEWÜRZ

1 Zuerst für die Dekoration die Sahne steif schlagen und kühl stellen.

2 Nun die Gingerbread Hot Chocolate zubereiten. Dafür die Milch und die Sahne mit dem Kakao, dem Lebkuchengewürz sowie Honig und Zucker in einen Topf geben und unter Rühren erhitzen. Sobald sich Honig und Zucker vollständig aufgelöst haben, das heiße Getränk in die Tassen füllen.

3 Die steif geschlagene Sahne auf die Gingerbread Hot Chocolate spritzen oder löffeln. Die Sahne mit Lebkuchengewürz bestreuen.

TIPP

Die Milch kannst du durch einen pflanzlichen Drink ersetzen. Vor allem Mandelmilch verleiht der Matcha White Hot Chocolate einen besonders feinen Geschmack.

MATCHA WHITE HOT CHOCOLATE

FÜR 4 TASSEN

1. Die weiße Schokolade in kleine Stücke hacken. Die Milch mit Salz und Vanillemark in einem Topf erhitzen. Die gehackte weiße Schokolade in die heiße Vanillemilch geben und unter Rühren auflösen. Sobald Bläschen aufsteigen, den Topf vom Herd ziehen.
2. Das Wasser auf 80 °C erhitzen, vom Herd nehmen und den Matcha darin vollständig auflösen. Den aufgelösten Matcha in die heiße Schokomilch rühren und die Matcha White Hot Chocolate in die Tassen gießen. Das Getränk mit Sahne-Weihnachtsbäumen dekorieren und sofort servieren.

SALTED CARAMEL HOT CHOCOLATE

400 ML MILCH

½ TL MEERSALZ

100 G WEISSE SCHOKOLADE

8 KARAMELLBONBONS

DEKORATION:
150 G SAHNE
SCHOKORASPEL

TIPP

Statt der Karamellbonbons kannst du auch selbst gemachten Karamellsirup (pro Tasse 1 EL) verwenden. Dafür 100 g Zucker karamellisieren, dann vorsichtig 100 ml heißes Wasser dazugießen und das Ganze einige Minuten köcheln lassen. Der Karamellsirup hält sich im Kühlschrank einige Wochen.

FÜR 4 TASSEN

1. Zuerst für die Dekoration die Sahne steif schlagen und kühl stellen.
2. Anschließend die Salted Caramel Hot Chocolate zubereiten. Dafür die Milch aufkochen lassen, die weiße Schokolade und die Karamellbonbons hinzufügen und unter Rühren auflösen. Zum Schluss das Meersalz dazugeben.
3. Das heiße Getränk auf die Tassen verteilen. Mit der steif geschlagenen Sahne und Schokoraspeln garnieren.

1 Für die Hot Chocolate beide Schokoladen klein hacken. Die Milch mit der Sahne erhitzen und die Schokolade darin unter Rühren schmelzen. Die heiße Schokolade in die Tassen füllen und je einen Melting Snowman hineinlegen.

DEKORATION:
4 MELTING SNOWMEN
(SIEHE S. 62)

FÜR 4 TASSEN

HOT CHOCOLATE WITH MELTING SNOWMAN

400 ML MILCH

1,5 CM FRISCHER INGWER

180 G ZARTBITTER-SCHOKOLADE (MIND. 70 % KAKAOGEHALT)

2 ROTE GETROCKNETE CHILISCHOTEN

DEKORATION:

160 G SAHNE

1 GETROCKNETE CHILISCHOTE, ZERKLEINERT

2 EL ZUCKER

1 EL VANILLEZUCKER

TIPP

Wer es milder bzw. schärfer mag, nimmt weniger bzw. mehr Chilischoten.

SPICY HOT CHOCOLATE

FÜR 4 TASSEN

1 Zuerst für die Dekoration die Sahne steif schlagen und kühl stellen.

2 Für die Spicy Hot Chocolate die Zartbitterschokolade fein hacken. Die Chilischoten längs halbieren, entkernen und sehr fein zerkleinern. Den Ingwer schälen und in Scheiben schneiden.

3 Milch, Zucker und Vanillezucker mit Chili und Ingwer in einem Topf aufkochen lassen und vom Herd nehmen. Die gehackte Schokolade hinzufügen und unter Rühren auflösen.

4 Die Spicy Hot Chocolate in die Tassen gießen. Die steif geschlagene Sahne darauflöffeln und mit Chilistückchen garnieren.

HEISSE LAVENDELMILCH
MIT VANILLE UND WEISSER SCHOKOLADE

800 ML MILCH

60 G WEISSE SCHOKOLADE

MARK VON 1 VANILLESCHOTE

4 TL GETROCKNETE LAVENDELBLÜTEN

DEKORATION:

125 ML MILCH

GETROCKNETE LAVENDELBLÜTEN

1 Die Milch mit den getrockneten Lavendelblüten und dem Vanillemark in einen Topf geben und bis knapp vor dem Siedepunkt erhitzen.

2 Die weiße Schokolade in kleine Stücke hacken, in die heiße Lavendelmilch geben und unter Rühren auflösen. Die Mischung zugedeckt 10 Minuten ziehen lassen.

3 Für die Dekoration die Milch erhitzen und aufschäumen. Die Lavendelmilch in die Tassen füllen, den Milchschaum darauf verteilen und mit getrockneten Lavendelblüten bestreuen.

HINWEIS

Nur unbehandelte getrocknete Lavendelblüten sind für den Genuss geeignet. Sie sind z. B. im Gewürzhandel erhältlich.

FÜR 4 TASSEN

DEKORATION:
CHILIFLOCKEN

800 ML MILCH

1 KLEINE GETROCKNETE CHILISCHOTE

MARK VON 1 VANILLESCHOTE

4 EL HONIG

1 KLEINE ZIMTSTANGE

½ TL GEMAHLENE MUSKATNUSS

1 Die Milch mit dem Honig in einen Topf geben und erhitzen. Die Vanilleschote längs halbieren und das Mark herauskratzen. Die Chilischote kleinhacken.

2 Vanillemark und -schote, Chilistückchen und Muskatnuss in die heiße Milch rühren und bei schwacher Hitze ca. 7 Minuten ziehen lassen. Nach 5 Minuten die Zimtstange dazugeben.

3 Die Honig-Chili-Milch durch ein Sieb gießen. Die Tassen nur zwei Drittel hoch mit der gewürzten Milch füllen. Die übrige Honig-Chili-Milch aufschäumen, auf die Tassen verteilen und mit Chiliflocken bestreuen.

HEISSE HONIG-CHILI-MILCH

FÜR 4 TASSEN

TIPP

Für einen intensiveren Zimtgeschmack die Zimtstange mit den anderen Gewürzen in die Honigmilch geben und ebenfalls 7 Minuten ziehen lassen.

1 Die Milch mit den Pimentkörnern und dem Vanillemark in einen Topf geben, erhitzen und aufkochen lassen.

2 Die Eier und die Eigelbe mit dem Zucker in eine Rührschüssel geben und in ca. 5 Minuten zu einer hellgelben, schaumigen Masse schlagen. Die heiße Gewürzmilch unter ständigem Rühren langsam zur Eiermasse gießen.

3 Anschließend die Masse in den Topf umfüllen und unter ständigem Rühren bei schwacher bis mittlerer Hitze heiß werden lassen, bis sie dickflüssig und cremig ist (auf keinen Fall kochen lassen!). Das dauert etwa 5 Minuten. Die Pimentkörner entfernen und den Eggnogg auskühlen lassen.

4 Die Sahne steif schlagen, dabei die Muskatnuss hinzufügen. Die Muskat-Sahne mit dem Rum oder Brandy unter die Eiermasse rühren.

EGGNOGG

TIPP

Den Topf mit der Eiermasse in eiskaltes Wasser (Eiswürfel im Wasser) stellen und die Masse unter Rühren abkühlen lassen. Auch ohne Alkohol schmeckt der Eggnogg super – dafür einfach Rum oder Brandy weglassen.

FÜR 4 GLÄSER

GLÜHWEIN & PUNSCH

TIPP

Für eine alkoholfreie Variante den Weißwein durch Trauben- oder Apfelsaft ersetzen.

WEISSER GLÜHWEIN

FÜR 4 GLÄSER

1 Die Zitrone heiß waschen, abtrocknen und in Scheiben schneiden. Diese mit dem Wein und 150 ml Wasser sowie der Zimtstange, den Gewürznelken und dem Zucker in einen Topf geben.

2 Die Weinmischung erhitzen (nicht aufkochen lassen!) und zugedeckt ca. 15 Minuten ziehen lassen. Den weißen Glühwein in die Gläser gießen, jeweils eine Zitronenscheibe hineingeben und servieren.

GLÖGG

TIPP
Wer mag, kann den Rum durch Wodka oder Weinbrand ersetzen.

1 Den Rotwein und den Rum mit dem Kandiszucker und dem Kardamom in einen Topf geben. Den Ingwer schälen und in dünne Scheiben schneiden. Mit den Gewürznelken und den Rosinen in die Rotwein-Rum-Mischung geben.

2 Den Glögg unter Rühren erhitzen, aber nicht kochen lassen. Sobald sich der Kandiszucker vollständig aufgelöst hat, die Zimtstange hinzufügen und die Mischung noch weitere 5 Minuten ziehen lassen.

3 Den Glögg vom Herd nehmen und mindestens 8 Stunden (am besten über Nacht) durchziehen lassen.

4 Nach der Ziehzeit die Gewürze aus dem Glögg herausnehmen. Das Getränk vor dem Servieren langsam erhitzen, aber nicht aufkochen lassen. Die Mandeln hineingeben und den Glögg servieren.

FÜR 4 GLÄSER

ORANGEN-PUNSCH

1 Den Wein mit 100 ml Wasser in einen Topf geben. Zitronen und Orangen heiß waschen und abtrocknen. Mit einem Zestenreißer von 1 Zitrone und 2 Orangen die Schale abziehen und in die Wein-Wasser-Mischung geben.

2 Alle Orangen und Zitronen auspressen und den Saft ebenfalls in den Topf geben. Gewürznelken, Rum und Kandiszucker hinzufügen und alles erhitzen. Danach die Zimtstange dazugeben und den Orangenpunsch noch 5 Minuten ziehen lassen. Anschließend den Orangenlikör unterrühren.

3 Den Orangenpunsch zuerst durch ein feines Sieb und dann in die Tassen gießen.

FÜR 4 TASSEN

TIPP

Den braunen Kandiszucker kannst du durch 40 g braunen Zucker ersetzen.

200 ML ROTWEIN
200 ML ROTER TRAUBENSAFT
400 ML GRANATAPFELSAFT
1 BIO-ORANGE
4 CL RUM
3 EL ZUCKER
5 GEWÜRZNELKEN
MARK VON 1 VANILLESCHOTE

GRANATAPFEL-PUNSCH

TIPP
Für eine alkoholfreie Variante den Rotwein durch Cranberrysaft ersetzen und den Rum weglassen.

FÜR 4 TASSEN

1. Die Orange heiß waschen, abtrocknen und in dünne Scheiben schneiden. Die Vanilleschote längs aufschneiden und das Mark herauskratzen.
2. Den Rotwein mit dem Traubensaft, dem Granatapfelsaft, dem Zucker, den Gewürznelken, den Orangenscheiben sowie dem Vanillemark und der Schote in einen Topf geben.
3. Die Mischung erhitzen, aber nicht aufkochen lassen. Den Rum in den Granatapfelpunsch rühren, das Getränk in die Tassen füllen und servieren.

APFELSTRUDEL-PUNSCH

FÜR 4 GLÄSER

TIPP

Wer mag, kann als Einlage in jedes Glas Punsch noch 1–2 Esslöffel von der abgetropften Apfelstrudelmischung geben.

1. Die Äpfel waschen, abtrocknen, halbieren, entkernen und in kleine Stücke schneiden. Mit Zitronensaft, Vanillezucker, Zimt, Rosinen, Zucker und 8 EL Wasser in einen Topf geben.
2. Die Mischung aufkochen, dann bei schwacher Hitze 10 Minuten köcheln lassen. Vom Herd nehmen und die Apfelstrudelmischung auskühlen lassen.
3. Anschließend den Apfelsaft zur Apfelstrudelmischung geben und das Ganze mindestens 4 Stunden ziehen lassen. Danach die Mischung in einem Sieb über einem Topf gut abtropfen lassen.
4. Die aufgefangene Flüssigkeit aufkochen und den Rum hinzufügen. Den Apfelstrudelpunsch auf Gläser verteilen.

LEBKUCHEN-PUNSCH

TIPP

Für eine alkoholische Variante noch etwa 80 ml Rum unter den Lebkuchenpunsch rühren.

FÜR 4 TASSEN

1 Den Traubensaft mit dem Lebkuchengewürz und dem Honig in einen Topf geben und erhitzen. Die Zitrusfrüchte heiß waschen und abtrocknen. Mit einem Zestenreißer von 1 Orange und 1 Zitrone die Schale abziehen.

2 Alle Orangen und Zitronen auspressen und den Saft mit den Zesten zu den Zutaten im Topf geben. Die kandierten Früchte ebenfalls hinzufügen. Den Topfinhalt ca. 10 Minuten ziehen lassen.

3 Zum Servieren den Lebkuchenpunsch zuerst durch ein Sieb, dann in die Tassen gießen.

KAFFEE-GETRÄNKE

DEKORATION:
UNGESÜSSTES KAKAOPULVER

1 Den Eierlikör gleichmäßig auf die Gläser verteilen. Vanillezucker und Zucker im Kaffee unter Rühren auflösen. Den Kaffee vorsichtig in den Eierlikör einfließen lassen.

2 Die Milch erhitzen und aufschäumen. Die geschäumte Milch langsam zum Eierlikörkaffee gießen, dabei den Milchschaum mit einem Löffel zurückhalten. Den Milchschaum zum Schluss auf die Gläser verteilen.

TIPP

Damit die unterschiedlichen Schichten gelingen, den heißen Kaffee und die heiße Milch ganz behutsam in den kalten Eierlikör in der Tasse fließen lassen. Am einfachsten funktioniert das mit einem Kännchen mit Ausgießer (z. B. Milchkännchen). Alternativ kannst du den Kaffee auch langsam über den Rücken eines Kaffeelöffels fließen lassen.

FÜR 4 GLÄSER

EIERLIKÖR-KAFFEE

KAFFEE MIT DUNKLER SCHOKOLADE UND KARDAMOM

TIPP

Statt der Schokosauce kannst du pro Tasse 1 Stück Zartbitterschokolade weich werden lassen (anwärmen) und in den heißen Kaffee rühren.

1 Die Sahne aufschlagen. Sobald sie beginnt steif zu werden, aber noch cremig ist, einen Esslöffel abnehmen und beiseitestellen. Die Hälfte der Schokosauce zur übrigen Sahne geben und alles zusammen weiterschlagen bis eine homogene Creme entstanden ist.

2 Den Zucker, den Kardamom und die restliche Schokosauce in den heißen Kaffee rühren. Den Kaffee auf die Tassen verteilen und die Schokosahne darauflöffeln. Jede Portion mit einem Tupfen Sahne und einer Kardamomkapsel garnieren und servieren.

100 G MARZIPAN-
ROHMASSE
500 ML MILCH
DEKORATION:
2 EL GEHOBELTE MANDELN
400 ML HEISSER
KAFFEE
1 MSP. ZIMTPULVER
4 TL BRAUNER ZUCKER

MARZIPAN-KAFFEE

FÜR 4 TASSEN

1 Die gehobelten Mandeln in einer beschichteten Pfanne ohne Fett rösten, bis sie zu duften beginnen. Die Marzipanrohmasse in kleine Stücke schneiden. 400 ml Milch in einem Topf erhitzen.

2 Die Marzipanstückchen in die heiße Milch geben und unter Rühren darin auflösen, anschließend den Zimt und den Zucker in die Marzipanmilch geben. So lange rühren, bis sich der Zucker aufgelöst hat.

3 Die Marzipanmilch auf die Tassen verteilen, dann den heißen Kaffee langsam dazugießen.

4 Die restliche Milch erhitzen und aufschäumen. Den Milchschaum vorsichtig auf den Kaffee geben und mit den gerösteten Mandelblättchen garnieren.

COCKTAILS & LIKÖRE

750 ML WEISSWEIN
(Z. B. CHARDONNAY)
80 ML APFELSAFT
2 BIO-ORANGEN
1 ROTER APFEL
100 ML APFELBRAND
(Z. B. CALVADOS)
2 GEWÜRZNELKEN
4 EL ZUCKER
1 GRANATAPFEL
DEKORATION:
20 G CRANBERRIES UND
4 ROSMARINZWEIGE
100 G FRISCHE
CRANBERRIES

WINTER-SANGRIA

FÜR 4 GLÄSER

1 Orangen und Apfel heiß waschen und abtrocknen. Den Apfel vierteln, entkernen und in kleine, mundgerechte Stücke schneiden. Die (ungeschälte) Orange ebenfalls in kleine Stücke schneiden. Die Granatapfelkerne auslösen (siehe Tipp).

2 Apfel- und Orangenstücke sowie die Granatapfelkerne und die Cranberries in eine Schüssel geben. Den Zucker und die Gewürznelken hinzufügen.

3 Den Apfelsaft, den Apfelbrand und den Weißwein dazugießen. Den Schüsselinhalt mit einem langen Löffel durchrühren. Anschließend die Sangria an einem kühlen Ort 4–5 Stunden durchziehen lassen.

4 Vor dem Servieren die Gewürznelken herausnehmen. Die Sangria in gekühlte Gläser füllen und jede Portion mit einem Rosmarinzweig garnieren.

TIPP

Um Granatapfelkerne herauszulösen, eine Schüssel mit Wasser füllen, den Granatapfel längs halbieren oder vierteln und unter Wasser die Kerne mit den Fingern aus den Kammern pulen. Die Kerne sinken zu Boden und die bitteren weißen Häutchen steigen an die Wasseroberfläche, von der man sie leicht abheben kann. Danach das Wasser abgießen – die Granatapfelkerne bleiben unten in der Schüssel zurück.

DEKORATION:
KANDIERTE CRANBERRIES
4 COCKTAILSPIESSE
4 LIMETTENSCHEIBEN

500 ML GINGER BEER

120 ML CRANBERRYSAFT

240 ML WODKA (ALTERNATIV GIN)

120 ML ZUCKERSIRUP (SIEHE S. 63)

1 In jedes Glas zuerst 2 Esslöffel Eiswürfel geben, dann 30 ml Zuckersirup, 30 ml Cranberrysaft und 60 ml Wodka hinzufügen. Die Gläser mit Ginger Beer auffüllen. Mit einem langen Löffel den Glasinhalt einmal umrühren.

2 Für die Dekoration die kandierten Cranberries auf die Spieße stecken. In jeden Drink eine Limettenscheibe geben und auf jedes Glas einen Cranberryspieß legen.

FÜR 4 TASSEN

WINTER-MOSCOW-MULE

DEKORATION:
4 THYMIANZWEIGE

200 ML CRANBERRYSIRUP
(SIEHE SEITE 63)

250 ML TONIC WATER

320 ML GIN

CRANBERRY-THYMIAN-GIN-TONIC

1 Für den Drink in jedes Glas 50 ml Cranberrysirup füllen. Nach Belieben Eiswürfel in die Gläser geben. 80 ml Gin dazugießen und alles mit Tonic Water auffüllen. Jeden Drink mit einem Thymianzweig garnieren.

FÜR 4 GLÄSER

TIPP

Wem die Herstellung des Sirups zu aufwendig ist, der kann stattdessen einfach 1 EL gehackte frische Thymianblätter ca. 3 Stunden in gekauftem Cranberrysirup ziehen lassen. Den Sirup vor der Verwendung durch ein Sieb gießen.

TIPP

Die Gläser vor dem Füllen mit einem Zuckerrand versehen. Dafür jedes Glas mit der Öffnung nach unten zuerst in etwas Wasser, dann in braunen Zucker tauchen.

BRATAPFEL-COCKTAIL

FÜR 4 GLÄSER

1 Mandellikör, Apfelbrand und Apfelsaft mit den Zimtstangen in einen Krug geben und gut durchrühren.

2 Die Gläser mit Eiswürfeln füllen und die Likörmischung darübergießen. Zum Schluss mit dem Ginger Ale auffüllen.

TIPP
Für Nugatlikör einfach das Lebkuchengewürz und den Zimt weglassen.
250 ML WEINBRAND
220 G NUSS-NUGAT-CREME
400 G SAHNE
100 ML MILCH
3 TL LEBKUCHEN-GEWÜRZ
1 TL ZIMTPULVER

Lebkuchen-Likör

Für ca. 800 ml

1 Die Sahne und die Milch mit der Nuss-Nugat-Creme in einen Topf geben und aufkochen lassen. Dabei ständig mit einem Schneebesen rühren. Anschließend die Mischung abkühlen lassen.

2 Den Weinbrand mit Lebkuchengewürz und Zimt in die abgekühlte Sahnemischung geben und alles kräftig durchrühren.

3 Den Likör durch ein feines Sieb gießen und dann mithilfe eines Trichters in saubere Flaschen füllen. Fest verschließen und kühl und dunkel lagern.

VANILLE-KIPFERL-LIKÖR

TIPP
Anstelle von Mandeln kannst du auch gemahlene Walnüsse verwenden.

TIPP

Geschmacksintensiver wird der Vanillekipferllikör, wenn du die Sahne-Mandel-Mischung über Nacht im Kühlschrank durchziehen lässt und erst am nächsten Tag durchsiebst und mit Weinbrand vermischst.

FÜR CA. 800 ML

1 Die gemahlenen Mandeln in einer Pfanne ohne Fett kurz anrösten. Dafür zuerst die Pfanne auf dem Herd heiß werden lassen, dann die Mandeln hineingeben und unter häufigem Wenden leicht rösten. Sobald sie beginnen Farbe anzunehmen und zu duften, die Pfanne vom Herd ziehen.

2 Die angerösteten Mandeln mit der Sahne, dem Zucker und dem Vanillemark in einen Topf geben und zum Kochen bringen. Anschließend vollständig auskühlen lassen.

3 Die Mandel-Sahne-Mischung durch ein Sieb gießen. Den Weinbrand in die abgetropfte Mandelsahne rühren und den Likör in saubere Flaschen füllen.

SCHOKO-LIKÖR

TIPP

Eine weihnachtliche Note erhält der Schokolikör, wenn du zum Schluss noch ½ TL Zimtpulver hineinrührst.

1. Die klein gehackten Kuvertüren schmelzen. Das Wasser unter Rühren schrittweise mit dem Kakao und dem Puderzucker vermengen, bis ein glatter dicker Brei entstanden ist.
2. Die Sahne aufkochen lassen, den Topf vom Herd ziehen und die Kakao-Zucker-Mischung mit einem Schneebesen einrühren.
3. Die Kuvertüre und den Honig in die heiße Sahnemischung rühren. Auskühlen lassen.
4. Den Rum mit einem Stabmixer in die Sahne-Schokoladen-Mischung schlagen und in Flaschen füllen.

FÜR CA. 1 LITER

SEITE 10 ⟼ WEIHNACHTSBÄUME (4 PORTIONEN):

250 G SAHNE

1 TANNENBAUM-AUSSTECHER

1. Eine gefriergeeignete flache Form (ca. 20 cm x 15 cm) mit Backpapier auskleiden. Die Sahne steif schlagen, in die Form umfüllen und ca. 1,5 cm hoch verstreichen. Anschließend für mindestens 8 Stunden ins Gefrierfach stellen und fest werden lassen.
2. Die Form mit der gefrorenen Sahne aus dem Gefrierfach nehmen und die Sahne mitsamt Backpapier aus der Form heben. Den Ausstecher in warmes Wasser tauchen und Bäume ausstechen. Die Tannen bis zur Verwendung auf einem Tablett ins Gefriergerät stellen, damit sie nicht auftauen.

SEITE 14 ⟼ MELTING SNOWMAN (4 STÜCK):

12 MARSHMALLOWS

8 SALZSTANGEN

DUNKLE ZUCKERSCHRIFT

20 G FONDANT IN ORANGE

40 G FONDANT IN GRÜN

1. Für einen Schneemann 3 Marshmallows auf einen Grillspieß stecken, das Ende des unteren Marshmallow gerade abschneiden. Die Salzstangen in der Mitte durchbrechen: 2 Hälften (für die Beine) in den unteren Marshmallow und 2 Hälften (für die Arme) seitlich in den mittleren Mashmallow stecken.
2. Mit der Zuckerschrift je 3 Punkte als Knöpfe auf den unteren und mittleren Marshmallow spritzen. Auf den oberen Marshmallow mit der Zuckerschrift zwei Punkte als Augen und einen Halbkreis als Mund aufbringen.
3. Pro Schneemann aus 5 g orangefarbenem Fondant einen Kegel formen, das untere Ende anfeuchten und als Nase am Kopf anbringen. 10 g grünen Fondant ausrollen und mit einem Messer einen Streifen mit spitzen Enden abschneiden. Diesen als Schal zwischen den oberen und mittleren Marshmallow wickeln, die Enden übereinanderlegen.

SEITE 42 → SCHOKOSAUCE (CA. 200 ML):

100 G ZUCKER

125 ML WASSER

1 PRISE SALZ

MARK VON 1 VANILLESCHOTE

50 G UNGESÜSSTES KAKAOPULVER

1. Den Zucker mit dem Wasser sowie dem Salz und dem Vanillemark in einen Topf geben und aufkochen lassen. Das Kakaopulver mit einem Schneebesen einrühren und alles unter Rühren 5 Minuten köcheln lassen. Schokosauce auskühlen lassen, in eine Flasche füllen und im Kühlschrank aufbewahren.

SEITE 50 → ZUCKERSIRUP (CA. 350 ML):

290 G ZUCKER

250 ML WASSER

1. Den Zucker mit dem Wasser in einen Topf geben und unter ständigem Rühren so lange erhitzen (nicht kochen lassen!), bis sich der Zucker vollständig aufgelöst hat. Den Sirup auskühlen lassen, in eine saubere Flasche füllen und im Kühlschrank aufbewahren. Er ist sehr lange haltbar.

SEITE 52 → CRANBERRYSIRUP (CA. 200 ML)

50 G ZUCKER

110 G FRISCHE CRANBERRIES

120 ML WASSER

MARK VON 1 VANILLESCHOTE

1 EL FEIN GEHACKTE THYMIAN-BLÄTTCHEN

1. Den Zucker, die Cranberries und das Wasser in einem Topf erhitzen. Alles 10 Minuten unter Rühren köcheln lassen, bis sich der Zucker vollständig aufgelöst hat.
2. Anschließend das Ganze mit dem Stabmixer aufschlagen, um die Cranberries zu zerkleinern. Das Vanillemark und die Thymianblättchen dazugeben. Den Sirup auskühlen lassen und anschließend durch ein Sieb gießen. Er hält sich einige Tage im Kühlschrank.

VERENA PELIKAN, die ihre Wurzeln in der Genussregion Weinviertel hat, ist studierte Betriebswirtin und Social Media Expertin und betreibt seit 2014 ihren beliebten Foodblog *www.sweetsandlifestyle.com*. Sie hat ihre große Leidenschaft – das Kreieren von Rezepten, Schreiben und Fotografieren – zu ihrem Beruf gemacht. Mit ihren köstlichen Speisen und Getränken möchte sie Menschen zum Nachmachen in der Küche animieren und für unvergessliche Geschmackserlebnisse sorgen.

DANKE

Vielen Dank an meine Familie und Freunde, die mich mit Feedback und zahlreichen Verkostungen bei den Rezeptentwicklungen unterstützt haben.

IMPRESSUM

REZEPTE & STYLING: Verena Pelikan

FOTOS: Cliff Kapatais (http://www.pixelcoma.at/), Wien (alle übrigen); www.fotolia.de: George Dolgikh (Seite 4)

ILLUSTRATIONEN: Frau Annika (Schneeflocken)

PRODUKTMANAGEMENT: Franziska Schmidt, Anna Burger

LEKTORAT: Cornelia Klaeger, München

LAYOUT UND SATZ: Eva Grimme

DRUCK UND BINDUNG: Livonia Print SIA, Lettland

1. Auflage 2017

ISBN 978-3-7724-8044-7

Best.-Nr. 8044